Foto: Cristian Maciel

Há séculos, a voz poética negra marca a sua presença na Literatura Brasileira. Autoras e autores como Maria Firmina dos Reis, Cruz e Sousa, Lino Guedes, Solano Trindade, Carolina Maria de Jesus, Oliveira Silveira, Conceição Evaristo, Cuti, Salgado Maranhão, Cristiane Sobral e Mel Duarte vêm traduzindo a negritude em múltiplos projetos poéticos. A coleção Vozes Negras insurge na cena literária e no mercado editorial para registrar e fazer ecoar esta poesia.

– Vagner Amaro e Henrique Marques Samyn

Heleine Fernandes

nascente

Todos os direitos desta edição reservados à Malê Editora e Produtora Cultural Ltda.
Direção: Francisco Jorge & Vagner Amaro

Coleção Vozes Negras, v. 1.
Edição: Vagner Amaro
Capa: Dandarra Santana
Diagramação: Maristela Meneghetti
Revisão: Louise Branquinho

Texto revisado segundo o novo Acordo Ortográfico da Língua Portuguesa.
Proibida a reprodução, no todo, ou em parte, através de quaisquer meios.

Dados internacionais de catalogação na publicação (CIP)
Vagner Amaro – Bibliotecário - CRB-7/5224

F363n	Fernandes, Heleine
	    Nascente / Heleine Fernandes. — 2. ed. — Rio de Janeiro : Malê, 2024.
	    74 p.
	    ISBN 978-65-85893-17-6
	    1. Poemas brasileiros I. Título.
	                                            CDD B869.1

Índices para catálogo sistemático: 1. Literatura brasileira : Poesia B869.1

Editora Malê
Rua Acre, 83, sala 202, Centro. Rio de Janeiro (RJ)
www.editoramale.com.br
contato@editoramale.com.br

Índice

Apresentação à segunda edição..7

Prefácio:
entro neste livro como em *meu* ilê, *Nina Rizzi*......................13

kalimba..21
cabeça perfumada...22
elegbara...23
socorro..25
santa..26
coiffeur..29
em busca do jardim de minhas mães....................................30
brita...35
brita 2..37
operação colonial..38
máscaras brancas..39
coroa...42
comer da mão...44

iyá 45
cordão umbilical 46
abebé 47

ijexá
trabalhar com obra 50
cantopoema 51
para conceição evaristo 53
chão vermelhão 54
o abraço 55
oxóssi ensina o agueré 56
segredo cantado 57

Posfácio
É preciso ir pelo fundo, *Martha Alkimin* 61

anexo
O livro, um banho de folhas 69

Apresentação à segunda edição

É com alegria que ofereço a você que me lê mais uma vez o *nascente*. Ele foi publicado em 2021, através das editoras independentes Garupa e Ksa1, da Juliana Travassos e do Thadeu Santos Souza, que se tornaram amigos queridos. Agora ele chega sob os cuidados de Francisco Jorge e Vagner Amaro, e toda a equipe da Malê, que tanto admiro.

nascente veio ao mundo durante a pandemia de COVID-19 e o confinamento, quando estávamos trancados em casa com medo da morte prematura, nossa e de pessoas queridas. Quando qualquer toque ou proximidade era a possibilidade do contágio. Parece que aconteceu noutra vida, mas foi logo ali. O livro já estava pronto antes da pandemia, a maioria dos poemas estava escrita há alguns anos, fruto de um projeto antigo de escrever histórias lacunares de minha família materna, sempre contadas pela metade, com muito mais silêncios do que palavras. Os poemas foram minha forma de traduzir silêncios herdados, criando novos lugares narrativos mais arejados para as/os personagens que vieram antes de mim e que me constituem. Esse foi o começo, depois fui acrescentando outros poemas, que foram compondo uma imagem de família expandida.

O Thadeu me fez o convite para publicar na coleção A galope quando eu estava na Chapada Diamantina, na Bahia, um lugar muito especial, onde nascem as águas da Bahia de Todos os Santos. Desse lugar também veio o título, que é também um salve à ancestralidade, aos que vieram antes.

Este livro não foi feito para a pandemia, mas o fato é que ele me amparou e preparou para o que viria de muitas formas. Foi muito importante para mim, naquele contexto, estrear na poesia com um livro sobre nascimento. Ele me ajudou a fazer a morte dançar, como no itan em que os Ibejis, orixás representados por duas crianças gêmeas, adiam o trabalho de *Ikú*, mantendo-a distraída e alegre através da música.

Apesar dos poemas surgirem de histórias nem sempre felizes, o livro é solar e tem me ensinado a encontrar ayó, a alegria genuína.

nascente foi uma forma de nascer publicamente como poeta, mulher e negra, o que só foi possível depois de descobrir que existem muitas poetas negras vivendo no mesmo tempo que eu, publicando e rompendo com a imagem dominante de autoria ligada a pessoas brancas e elitizadas. Espelhada naquelas, pude também realizar o meu gesto de desobediência literária. A publicação foi uma forma de inscrever um novo começo, o que me exigiu grande coragem, não só para lançar o livro, mas principalmente para me lançar através dele de uma forma diferente na vida. O momento que parecia menos fértil foi o mais oportuno, uma falha na repetição do que estava dado. Uma interrupção e algumas fugas fizeram este livro existir e chegar às suas mãos. Uma lufada de ar tirou as coisas de seus lugares cristalizados e espantou o cheiro da morte. Espero que possam sentir daí este frescor de saúde.

Para além do texto no papel, a escrita sempre teve um fundamento prático e útil para mim, pois, desde muito criança, descobri nela uma ferramenta para viver melhor, para lidar com o que não entendo, com o que não sei dizer e com o que não me lembro. Um modo de me mover no escuro e agir. A escrita também foi um modo de não estar sozinha e tem sido uma forma de cuidar dos vivos e dos mortos, de me manter em trânsito entre mundos.

Há três anos, que este livro me leva para junto de novas pessoas e lugares, e o meu desejo com esta 2ª edição é que isto continue a acontecer. Acrescentei ao núcleo de poemas originais um novo grupo de poemas inéditos que chamei Ijexá, um ritmo africano praticado na diáspora e nos terreiros de candomblé que traz calma. Há também novas fotografias, feitas pelo artista Cristian Maciel, resultantes de um ensaio que fiz em 2022 com minha avó, tias e mãe após a publicação do livro, lido e celebrado por elas. Foi um modo nosso de vivenciar o livro, uma performance. Outros registros dela estão no livro *Voltar para casa*, também de poemas. Ao final da publicação, você vai encontrar reflexões sobre transformar o livro em uma performance, o que venho realizando desde 2022, pelo desejo de oralizar e ritualizar o texto e o meu corpo, para oferecê-los ao público. Quando pensei nessa performance, queria fazer o livro romper a bolha do público de poesia (na minha percepção, bastante embranquecido), chegando em pessoas que, por exemplo, não se sentem à vontade com o suporte livro, para oferecer a possibilidade de interagir com o texto desde a escuta, acionando outros sentidos que não só a visão.

    Bom mergulho!

Heleine Fernandes

Prefácio

Entro neste livro como em *meu* ilê.

Nina Rizzi

Casa onde deixei minhas bonecas de milho y de barro
onde *minhas* mais velhas, mãe y tias
me ensinaram a escrever com a colher de pau na mão y a
barriga no fogão.
Onde meu pai afogou a tristeza na jurubeba com cachaça
y meus irmãos fugiram da polícia.

Lá, casa sem registros fotográficos, fonográficos
Lugar dos fragmentos biográficos da *minha* memória.

{com que alegria y com que banzo pisco ao ver as fotos que
não tenho, da gente preta, das galinhas, dos terreirões, das águas.
Como se fossem *minhas*.
Entendo minha comoção:
Uma galinha não diz "esse é o *meu* ovo. Esses são *meus* filhotes-
pintinhos".
Entendo minha comoção porque ela não é *minha*
– aqui minhas avós não são fumaça, alcanço-as pela mão

da poeta que me oferece de comer co'a mão o bolinho de feijão amassado que chamamos capitão, oferta esse barro de Nanã estendido: uma possibilidade criativa, imaginativa; ancestralidade.

Heleine Fernandes – a quem posso chamar agora **irmã**, conhecendo-a aqui da melhor maneira que poderia, pela poesia – tem nas portas de sua casa espadas de Ogum y Oyá, espelho de Oxum por todo canto, águas de Yemanjá brotando y correndo como correm Ibeji.

Tudo aqui se revela
– *minha* memória não é só *minha; nossa* história começou muito antes de começar –
y ao mirar-me em seus espelhos, vejo refletido o que chamamos
ora ilê
ora comunidade
ora quilombo
ora xirê.}

Ilê onde me banho em ervas
onde bato paô y ofereço padê,
piso a terra y brilho como o ar,
tomo banho de bica, de mangueira, de tambor.
Lá. Aqui.

Aqui me deito como me deixo aos mares de *ay, minha mãe*
ouvindo os segredos cantados.
Aqui nasço, renasço
sou água y sol
aqui *sou-nos*.

Y sei, sei sabendo de coração
– y lendo um futuro tão bonito, esse futuro-agora –
que você, queride leitor, querida leitora,
também entra y se encontra
em comunidade
na mais pura *nascente* da poesia.

Nina Rizzi é poeta e tradutora.

para a família que me deu a vida e as primeiras histórias.

para os meus ancestrais.

Laroyê!

kalimba

nas dobras do ouvido
um segredo cantado
em sílabas de água

cabeça perfumada

bebe do meu corpo
córrego
riacho morno.

dá de comer
enquanto bebe
aos peixes que reluzem
no fundo

e fazem emergir
quando saciados
ondas de perfume
banhos de cheiro.

elegbara

abria as portas do meu corpo
fumaça cheirosa.
eu entrava
na casa dos meus avós paternos
e encarava a carranca
boca escancarada
os dentes e a língua
diziam-me: *é tudo mentira.*
eu ficava sem chão
posta à prova.
ela me engolia
como a um ovo cru
quebrado em um copo de geleia.
me deglutiu diversas vezes
divertida com a minha inexperiência.
submetida a este treino
sobrevivi à infância.

socorro

aprendi a gargalhar com ela.
o som que faz as pessoas me reconhecerem
de longe
é uma assinatura vocal dela
de quem meus músculos recordam
e rendem homenagem.
ela sim
soltava boas gargalhadas insanas
onde quer que estivesse
e tirava à força
quem quer que fosse
da indiferença.
sua gargalhada era quente
minha avó borbulhava
e ficava com os seios nus
a boca vermelha aberta
toda entregue à vocalização
toda ela coberta
de vermelho e ouro
transfigurada.

santa

demorou até eu entender
que a casa não era dela.
nos recebia aos domingos
de camisola fina
se movia lentamente
muito dona do espaço.
era a minha fada madrinha.
nunca encontrei ela em outro lugar
que não naquela casa
no alto da montanha
no meio da floresta.
tinha muita pele
sobrando em seu corpo
quando falava, elas tremiam todas.
talvez por isso falasse pouco
como uma santa.
sorria
os olhos azulados ficavam
úmidos
e doces
às vezes, doces demais
gelados
em meio ao silêncio

da cozinha.
a minha fada madrinha tinha muito açúcar no sangue.
um dia comeu uma caixa de bombons garoto
e dormiu para sempre.

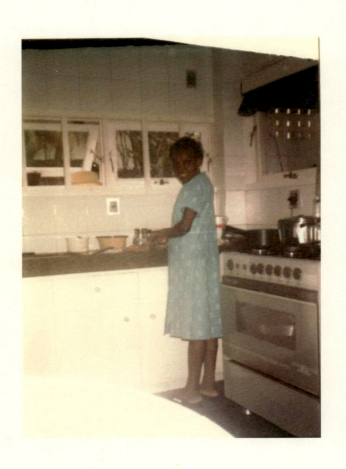

coiffeur

quando eu era criança
acompanhava minha mãe
em suas idas ao cabeleireiro.
eram os anos 80
e os salões pobres chamavam
coiffeur.
posso organizar minha infância
pelos diferentes *coiffeurs* de minha mãe.
para todos
as mesmas regras:
minha mãe só confiava em travestis
e sempre cortava o cabelo joãozinho.

em busca do jardim de minhas mães

1.

leio em alice walker
a narrativa dessas histórias que saíam dos
lábios da minha mãe
tão naturalmente quanto sua respiração...
e penso nas narrativas que escapam
dos lábios
como hálito vital
fumaça de tabaco cheiroso
sopro que vem do meio do corpo.
minha mãe demorou muito tempo
para aprender
a deixá-las sair assim
como quem transpira
em um dia de domingo
ou como quem respira fundo
e dá uma gargalhada desarmada.
quando eu era criança, ela comprava LPs coloridos
com narrativas de histórias infantis
e também coleções de livros
de contos de fadas
mas ela mesma
não contava suas histórias.

lembro-me de uma história sua
que ouvi quando era adolescente
sobre sua primeira festa de aniversário
aos quinze anos
organizada por ela mesma
com o dinheiro de seu próprio salário.
quando o pai viu a festa
destruiu tudo
e a cobriu de vergonha.

acho que minha mãe
se protegia de suas histórias
enquanto mantinha chiando a TV ligada
enquanto exigia que tudo estivesse muito limpo
enquanto reclamava do meu desejo de viver
ou da melancolia de meu pai.

enquanto isso
suas histórias continuavam
borbulhando em seu útero
sem imagem
e sem palavra
em silêncio.

elas vibram ainda hoje
na pele dos filhos

os que nasceram e os que não nasceram.
saberei eu
traduzir esses silêncios
herdados
em canto cheiroso
em hálito de sereia?

2.

minha mãe nasceu em jardim
no cariri.
os pés na chapada do araripe
a moleira molhada
nas águas do rio são francisco.
meu avô
depois ela
e minha avó
vieram de lá

(repetida diáspora)

plantar a família aqui
na roça pequena
que era o rio de janeiro
e já não é mais.

jardim é um município do cariri
região metropolitana do ceará.
é o canteiro de
terra de onde brota
a literatura de cimento do meu avô
a literatura de letra insegura de minha avó
a literatura de minha mãe

que não escreve:
a literatura que herdei
e continuo.

brita

você sempre nos obriga a voltar
aos mesmos lugares
de cinquenta, sessenta, setenta
oitenta anos atrás.
sua boca dá realidade às mesmas histórias
e faz rir um riso corroído
de quem foi brutalizado
por muito tempo
e por isso não pode deixar de reviver
a carestia
todos os dias.

meu amor,
seu prazo de validade não venceu,
o tempo não queima
a pele e a carne como o cimento faz.
o tempo diz:
você é um homem.

brita 2

quando comeu os restos do banquete dos proprietários
achou que fosse são saruê
achou que fosse morrer de dor.
era a comida que iria para os cães.
sua mãe lhe disse *não*.
seu pai lhe disse *come, meu filho,*
está limpinho.

operação colonial

*às famílias vítimas da necropolítica
do estado brasileiro*

acordar com o som dos helicópteros
espanta-pássaros.
difícil sentir-se em casa
no próprio corpo
quando sobrevoa
o caveirão voador.
o que quer a operação?
os meus rins?
o meu útero?
o meu coração?

estranha cirurgia
o Estado quer amputar-me
da casa
que levo dentro.
ele quer entrar
sem ser convidado
revirar tudo
e expropriar-me de mim.

onde é aqui
quando a bala canta?

diáspora.

e quando ela silencia?

diáspora
gravada nos meus genes.

os líquidos do corpo tremem como na antiga viagem.

os órgãos
de inteligência de Estado
estudam perfurar
telhados de escola pública
e fronhas perfumadas
com o teu cheiro.
os cães farejadores.

mas ninguém pode invadir
a casa que levo dentro.
contra isso, mantenho-me viva
em vida.
contra isso
muitas bocas
assopramos o fogo do que não morre.

máscaras brancas

a evaldo rosa dos santos e sua família

1.

os dez soldados de guadalupe.
a família que ia ao chá de bebê.
era um domingo de sol
e todos já tinham almoçado.
o caveirão camuflado
e os uniformes
vestiam peles negras
que não eram panteras,
mas cães treinados
para o holocausto.
os soldados olharam a família
através do vidro
e não se reconheceram.
o carro não era insulfilmado.
ao vivo
e a cores
o pelotão de fuzilamento

(menos 1
que por um instante duvidou do comando)

atirou contra si mesmo
na frente do conjunto habitacional.

2.

quem conta a história de soldados negros
que fuzilam uma família negra
em um dia de sol?

a quem interessa colocar os negros
na linha de frente
de mais um enredo de tragédia?

de que cor é a mão que escreve
a narrativa na qual os protagonistas
são exterminados no final?

coroa

à marielle franco, anderson e suas famílias

o alvo era o seu rosto
solar
que sorria e mordia
palavras.
miraram o seu rosto
não apenas para olhar,
era uma invasão.
rosto que é onde fica guardada
a semelhança com a mãe
com o pai
com a irmã, com a filha
onde fica gravado o nome
a ancestralidade
a semelhança com o humano
o brilho no olho
o espelho
a dignidade.
com este poema,   tiro
uma por uma
as balas, tecnologias de açoite,
disparadas a mando da casa-grande.

lavo o seu rosto de maré.
negro ele é
e nele eu me vejo
solar.

comer da mão

pedia à minha avó
que me desse de comer
e de sua mão brotavam
bolos úmidos deliciosos
que ela chamava *capitão*.
apertava na palma
os bolinhos de feijão e farinha
temperados e perfumados
pelo calor de seus dedos
de manicure.
suas unhas longas e duras
faziam cócegas
no meu corpo faminto
e a comida se multiplicava.
o alimento vinha junto com o sono
e minha avó sorria satisfeita
como quem me desse os seios
fartos de leite.

iyá

água prateada,
mastiga os corais
devagar.
põe nos olhos areia
ondula a vista
vendada pela barra macia
de sua camisola.
digere o chão
com a baba doce ácida
de sua mucosa
que quebra e se estende
sobre a cidade.
prolonga no corpo,
senhora,
a dormência de seu leite
gelado regenerativo.

me recolhe
em sua bacia de baleia,
odoyá!

cordão umbilical

para entrar
no mar
derramar-se

é preciso tomar um caldo
uma lapada
ser arrastada

pelo redemoinho
dos cabelos
da vulva
de mamãe

gargalhar
e chorar
como uma criança parida.

abebé

quando aprendi
a tirar som da sua pele
me apaixonei
pelas minhas mãos.

IJEXÁ

trabalhar com obra

na minha família
todos os homens trabalham com obra.

metade da zona sul
foi meu avô quem construiu.

de mulher
só eu

mexo com esse ofício
de levantar laje
com material melindroso

palavra, papel.

cantopoema

voz de peito
pomba alada
juriti
pra oyá.

Foto: Cristian Maciel

para conceição evaristo

meus ancestrais
estão nos meus pés
escaldados

silêncio para ouvir deles
os ditados

comeram tanto pó
tanto chão dançado
de gente antiga
que não habita mais vértebra

deitados estão no horizonte:

o pó
que cobre tudo
e caminha junto à pele fresca.

benção, meu pé direito!
benção, meu pé esquerdo!

chão vermelhão

nem grande demasiado
nem pequena de dar dó
ficar do tamanho de caber
sem sumir

de deitar a cabeça nos teus joelhos

receber o silêncio
de uma mão
que vem por cima.

banho de caneco
é que esfria o corpo.

o abraço

para Dancikó

uma batida
de cada lado
do mundo

o som do orun
no aiyê

a orelha colada
no peito
que segura o planeta

a orelha
no coração
de oxumarê.

oxóssi ensina o agueré

o balanço do corpo
sankofar
faz retornar a lugares
em que nunca estive

passo que transforma
o sangue pisado em
pasto
de caça gorda

o segredo do corpo
que faz a mata
dançar a favor
de sua caçada.

segredo cantado

escrever
me reequilibra

corvina que desliza
para o fundo da água salobra
fora do cardume.

para chegar à superfície
é preciso ir pelo fundo.

Foto: Cristian Maciel

Posfácio

É preciso ir pelo fundo
Martha Alkimin

Se a palavra nascente quer dizer o que principia, o que começa a viver e a tomar forma, fonte ou a localização do sol quando surge no horizonte, na poesia de Heleine Fernandes aprendemos que nascente também significa ponto de partida e de regresso e, ainda, local de passagem de presenças, memórias e histórias. É na nascente de Heleine que comparecem Odoyá e de todas as mães e avós negras que, como afluentes, alimentam o curso dos poemas que constituem este belíssimo livro da poeta.

Como versos em resistência – e refiro-me à resistência como uma decisão de permanecer vivo –, há em *nascente* o que se poderia chamar de uma poética da insubmissão, porque os poemas se escrevem como uma linha de defesa da vida e contra todas as formas de desumanização a que as negras e os negros brasileiros estão condenados neste país. Mas a insubmissão de *nascente* é antes de tudo um procedimento poético-político que se constrói no reverso (termo que etimologicamente significa o retorno ao ponto de partida, a volta àquilo que era, o lado oposto, o contrário do que se observa ou se considera) dos discursos e das tecnologias da manutenção da morte-em-vida. É no reverso dessa história, portanto, que os versos *de nascente* dizem da vivência dos sobreviventes da diáspora.

Revertendo o dito e o escrito, a poesia de Heleine Fernandes faz o outro lado falar, a partir da experiência histórica brasileira e sua "repetida diáspora", diz um dos versos, lançando sua contravoz além da denúncia e da dor.

Kalimba, título do poema de abertura de *nascente*, mais do que um instrumento musical, é um dos paradigmas da cultura africana, e hoje tocá-la ou escutá-la talvez corresponda a uma experiência transtemporal, fora e além do tempo presente, em que a decisão de matar ou deixar viver é o fundamento das políticas do estado brasileiro. Essa escuta ativa e transtemporal da kalimba parece evocar e congregar todos os tempos ancestrais africanos, para modelar um tempo próprio e singular onde o sagrado, a polifonia epistêmica negra, seus saberes e artes descrevem uma constelação de filiações, pertencimentos, culturas e modos de vida.

"Kalimba", um poema composto de uma única estrofe com três versos, diz: *nas dobras do ouvido/ um segredo cantado/ em sílabas de água*. Que segredos são soprados pela sonoridade milenar e sutil de uma kalimba? O que evocam suas *sílabas de água*?

A kalimba talvez sussurre um começo, uma volta ao ponto de partida, um chamado ao caminho reverso; como uma antiga guardiã, sua sonoridade instaura o retorno à ancestralidade e às águas, permitindo a dupla e simultânea inscrição da escuta da voz poética. E é justamente da silhueta melódica da poesia de Heleine Fernandes que sua *assinatura vocal* dirá da sua linhagem negra-feminina. Mas que o leitor não se engane com a ternura possível dessa cena inaugural deste livro, porque os versos de *nascente* não escondem o peso que portam o corpo e a escrita de uma mulher negra. Se em *nascente,* como já disse, os versos sugerem a volta a um ponto de partida, à ancestralidade, os poemas, por seu turno, erguem um memorial aos vivos e aos mortos com os quais a poeta compartilha a mesma condição de sobrevivente, isto é, daqueles que permanecem de pé, entre os que caíram, e continuam vivos por insistência política e histórica.

Por isso, creio haver na poesia de Heleine Fernandes não uma, mas muitas nascentes, ou, se quisermos, um complexo poético insubmisso que cria uma chave de acesso a uma sensorialidade transbordante, cuja presença nos endereça a uma outra *lição de coisas*. Dito de outro modo, o corpo de uma mulher negra, este corpo situado historicamente, é uma das matérias-primas de *nascente*. É nele, e por meio dele, que se acessa uma outra economia poética e política da sensorialidade. Em *nascente,* o corpo é cognoscente – ele conhece pelos sentidos – e o conhecimento assume uma forma corporizada. Nele vibra um campo compartilhável de forças ancestrais, afetivas e políticas, como se percebe no poema "comer da mão".

Do título ao verso final desse poema, compareçem entrelaçados o que eu chamaria de uma pedagogia do tato, ou de uma aprendizagem pelo corpo sensível, de onde jorra um acervo renovado dos sentidos, além de um *saber-com*, de um co-nascer (conhecer) entre a neta e sua avó. Na transmissão que acontece entre elas, comer é brotar (*de sua mão brotavam*), comer é multiplicar (*e a comida se multiplicava*), e o *comer da mão*, um prolongar-se pelas mãos úmidas que doam tempero e perfume ao bolinho *capitão*. Unhas, cócegas e seios fartos de leite, imagens de uma satisfação que sorri, coexistem no mundo rememorado e presentificado do poema, e os versos perfazem um gesto exploratório e expansivo, formando um cruzamento sensório cuja profundidade estabelece uma interação entre duas gerações de mulheres negras.

Em "comer da mão", um mundo inteiro de texturas implícitas se constrói a partir *dos dedos de manicure* da avó e seu corpo subalternizado que vive nas zonas de exclusão. Um mundo demarcado por uma linha invisível onde, de um lado, existem *o nós e os assim como nós* e, do outro, *eles*, os não-humanos, para os quais a gestão de suas não-existências é feita por meio da violência, do racismo, do epistemicídio e, claro, pela recusa de qualquer juízo político ou ético sobre esse sofrimento perpetrado.

A mão negra da avó que alimenta a neta faz o trabalho histórico e político do afeto, selando dessa forma um processo de transmissão sutil e farto da experiência que é reelaborada e presentificada pela lírica de Heleine, a neta. Cada uma a seu modo aprendeu a sobreviver às máquinas de guerra cotidianas. Mas o horror, o horror é quando o próprio Estado se transforma em máquina de guerra, e no Brasil elas estão em toda parte coagindo a população negra, alvo de suas tecnologias de destruição, de suas estratégias para inscrever negras e negros na ordem da economia máxima representada pelo massacre, como se pode ler no poema "máscaras brancas".

Penso novamente em Socorro, a avó, e no campo de sensíveis de sua pedagogia feita de farinha e feijão. Penso também no trabalho da poesia e no que ela dá a ver num poema como *operação colonial* e releio alguns versos: *onde é aqui/ quando a bala canta?/ diáspora./ e quando silencia?/ diáspora/gravada nos meus genes/ o Estado quer amputar-me/ da casa que levo dentro, o que quer a operação?/ os meus rins?/o meu útero?/o meu coração?* No Brasil, sob as palavras negra e negro se infiltraram todas as formas de negação da subjetividade pelos rituais intermináveis dos círculos de ódio, essa estranha cirurgia praticada pelo Estado, que revira tudo e goza como o senhor colonial com a propriedade dos corpos negros.

Mas no corpo do poema, a sua insubmissão e resistência operam uma contravolta quando se lê: *mas ninguém pode invadir/a casa que levo dentro/ contra isso mantenho-me viva/em vida./ muitas bocas/assopramos o fogo do que não morre.* Essa contravolta se dá pela boca do poema. Sim, pela boca, as *muitas bocas/ que juntas assopram o fogo que nunca morre* e que mantêm a vida que se carrega dentro como uma casa. Entre *as muitas bocas*, relembro aqui a boca da neta, a da criança que comia da mão os *bolinhos úmidos e deliciosos* da avó, e penso na boca da mulher e da poeta que assumiu a enunciação de si para fazer vida pela poesia e que por isso afirma sobre o racismo e o geneocídio: *contra isso, mantenho-me viva/ em vida.*

Da boca da poeta negra, que herdou a *literatura* de sua mãe/ *que não escreve;* do avô, sua *literatura de cimento* e da avó, *a literatura de letra insegura,* ouve-se o mais bonito dos versos no poema "em busca do jardim de minhas" e que deveria ser lido em voz alta: *e continuo.*

Continuar pela poesia e com ela, *levantar laje/com material melindroso/palavra, papel.* Esse é o trabalho histórico, ético e político sustentado por Heleine Fernandes para que haja nascentes, para que a partilha do mundo nos permita fazer comunidade, para que possamos gargalhar gostoso como Socorro e sua *boca vermelha aberta/ toda entregue à vocalização.* A boca "transfigurada" de Socorro e a poesia de sua neta. Ei-las aqui, principais e necessárias. Mantendo-se vivas.

Viva Heleine! Viva a sua poesia!

Martha Alkimin *é professora associada do Departamento de Ciência da Literatura e do Programa de Pós-graduação e Letras Vernáculas da Faculdade de Letras da UFRJ*

anexo

O livro, um banho de folhas
Notas sobre performance
Heleine Fernandes

Como transformar o livro em uma partilha além da página? Como fazer caber muita gente mesmo no espaço do livro e de sua leitura? Como livrar o poema dos constrangimentos literários que criam abismos entre os letrados e os não letrados? Como fazer a letra se desmanchar no ar, na água, e transformar a página em pele, gesto, respiração? Esse tanto de pergunta era preocupação e era cuidado para que a página não tirasse o fôlego do poema, para que ele não deixasse de ser *ofó*, sopro de criação.

Logo que o *nascente* saiu publicado em 2021, senti que precisava transformar o livro em alguma outra coisa, pois queria que ele chegasse em um público diverso. Pensei em um curta-metragem, que acabou não saindo do argumento; a forma que vingou foi a da performance. Ajudou muito uma conversa com a artista Aline Motta, durante a pandemia, em um evento organizado pela poeta Leila Danziger. Aline falava que a gente deveria experimentar outros formatos para os livros que não só o de páginas costuradas em uma lombada, e apresentou alguns de seus experimentos instigantes. A pulga estava devidamente plantada atrás da orelha.

A primeira imagem que me surgiu foi a da destruição do livro. De uma leitura que desmanchasse o livro, não para que ele desaparecesse, mas para que se tornasse um manjar delicioso, um alimento nutritivo que ganhasse vida através de outros corpos. Vocalizar o texto já era algo que eu vinha experimentando, inclusive através da música e do canto, formas de trabalhar com o impalpável do fraseado para chegar a sons que não fossem estritamente vocábulos. Era também um modo de desmanchar a letra e acionar um funcionamento do texto mais para o lado do sensório do sentido. Como o livro já carregava água no nome, foi muito natural imaginar este elemento desmanchando a brochura, simbolicamente envolvendo o papel em saliva. Surgiu assim a ação principal da performance: ler o primeiro poema em voz alta, destacar a página da brochura logo em seguida e mergulhá-la em água; fazer isso até ler todo o livro. A sonoridade da água apareceu como algo que quis explorar, fazendo-a soar em um balde e no recipiente em que seriam depositadas as páginas. Para dinamizar a água, uma cabaça, elemento relacionado ao útero e à criação do mundo na mitologia iorubá. Esse campo das sonoridades, da kalimba de água, é que me levou para a imagem da leitura como ritual, como ebó realizado junto ao público. A página no lugar da folha, não esquecida do seu antigo estado de *ewe*. O livro, um banho de folhas. Ao final da performance, quando termino de ler o último poema, lavo minha cabeça com a água e depois derramo o preparado na rua.

No candomblé, há dois rituais muito bonitos que fazem parte da iniciação de yawo: a lavagem de santo e a cantagem de folha. Me apropriei de alguns elementos e gestos destes rituais, pelos quais passei quando iniciada e com os quais contribuí durante a iniciação de outros yawos: a *eni* (esteira de palha), o alguidar (que depois substituí pela bacia de ágate), a cabaça cortada ao meio, um prato de louça, um punhado de sementes, um banquinho, a água e as folhas, na forma de páginas.

As sementes colocadas no prato servem para contar as cantigas entoadas para cada folha do ritual de renascimento e reconexão com a ancestralidade na tradição africana. Queria que o livro fosse uma oralitura, como ensina a professora Leda Maria Martins, quando "o gesto e a voz modulam no corpo a grafia dos saberes de vária ordem".

O Galpão Bela Maré, que funciona no Complexo da Maré, no Rio de Janeiro, abriu em 2022 uma chamada para a Mostra Miolo de performances, e esse foi o incentivo que eu precisava para formular a ação. A proposta de levar *nascente* para a favela foi uma forma de devolver as histórias do livro para o território em que parte delas aconteceram. O Breno Chagas sugeriu que fizéssemos a ação na feira livre da rua Teixeira, na Nova Holanda, e foi muito significativo desenvolver a ação no mercado, lugar de comunicação e de troca, fazendo os poemas soarem junto com o som dos pregões dos vendedores, das barganhas e demais ruídos da vida cotidiana. Lembro-me de ter me sentido muito insegura e mesmo com medo de levar a proposta para o meio da feira, mas o incentivo do Breno e de outros artistas, como o Airton Gregório, amigo querido que fez o registro em vídeo, foram fundamentais para eu sentir o enorme abraço que aquela feira me deu naquela tarde de sábado. Essa dimensão coletiva da performance tem sido uma grande escola no meu desenvolvimento como artista.

Realizei a performance outras duas vezes, na Casa das Pretas, na Lapa, último lugar em que Marielle Franco esteve antes de sofrer o atentado, e no SESC Madureira, antes do samba das Yayá Massemba, para um público de famílias predominantemente negras em um momento de lazer na piscina coletiva do SESC em um domingo de sol. De duas dessas ações, me recordo vivamente de dois homens negros mais velhos que acompanharam o que eu fazia com uma entrega e uma atenção tão grandes que lembrar deles ainda me comove. Acredito que essas vivências possibilitaram ampliar os significados do livro, sendo uma forma de reescrevê-lo no espaço público, junto dos leitores, em uma dimensão coletiva em que os sentidos são modelados e remodelados por todos que ouvem, veem e se fazem presentes. Um modo de ativar o livro, atiçá-lo soprando vida nele, para que faça a sua viagem para além de mim mesma, que o inventei desde histórias que não eram de todo minhas.

Este tem sido um experimento candente de partilha e liberdade.

Cumuruxatiba, 23 de agosto de 2024.

Fotos Ramon Vellasco.

Esta obra foi composta em Arno Pro Light 13 para a Editora Malê e impresso para a Editora Malê na gráfica Trio Digital em janeiro de 2025.